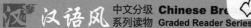
汉语风 中文分级 **Chinese Breeze** 系列读物 **Graded Reader Series**

1,100词级
Level 4
1,100 Word Level

hǎo gǒu Wéikè

好狗维克

Vick the Good Dog

主　编　刘月华（Yuehua Liu）　储诚志（Chengzhi Chu）
副主编　赵绍玲（Shaoling Zhao）
原　创　赵绍玲（Shaoling Zhao）

北京大学出版社
PEKING UNIVERSITY PRESS

图书在版编目(CIP)数据

好狗维克/刘月华,储诚志主编. —北京:北京大学出版社,2016.10

(汉语风中文分级系列读物. 第4级:1100词级)

ISBN 978-7-301-27562-7

Ⅰ.① 好… Ⅱ.① 刘… ②储… Ⅲ.①汉语—对外汉语教学—语言读物 Ⅳ.①H195.5

中国版本图书馆CIP数据核字(2016)第224778号

书　　　名	好狗维克	
著作责任者	刘月华　储诚志　主编	
	赵绍玲　副主编	
	赵绍玲　原　创	
	孙　娴　练习编写与英文翻译	
责 任 编 辑	李 凌	
标 准 书 号	ISBN 978-7-301-27562-7	
出 版 发 行	北京大学出版社	
地　　　址	北京市海淀区成府路205号　100871	
网　　　址	http://www.pup.cn　新浪官方微博:@北京大学出版	
电 子 信 箱	pup_russian@163.com	
电　　　话	邮购部 62752015　发行部 62750672　编辑部 62753027	
印 刷 者	北京大学印刷厂	
经 销 者	新华书店	
	850毫米×1168毫米　32开本　3.25印张　50千字	
	2016年10月第1版　2019年4月第2次印刷	
定　　　价	20.00元	

未经许可,不得以任何方式复制或抄袭本书之部分或全部内容。

版权所有,侵权必究

举报电话:010-62752024　电子信箱:fd@pup.pku.edu.cn

图书如有印装质量问题,请与出版部联系,电话:010-62756370

刘月华

　　毕业于北京大学中文系。原为北京语言学院教授,1989年赴美,先后在卫斯理学院、麻省理工学院、哈佛大学教授中文。主要从事现代汉语语法,特别是对外汉语教学语法研究。近年编写了多部对外汉语教材。主要著作有《实用现代汉语语法》(合作)、《趋向补语通释》《汉语语法论集》等,对外汉语教材有《中文听说读写》(主编)、《走进中国百姓生活——中高级汉语视听说教程》(合作)等。

储诚志

　　储诚志,夏威夷大学博士,美国中文教师学会前任会长,加州大学戴维斯分校中文部主任,语言学系博士生导师。兼任多所大学的客座教授或特聘教授,多家学术期刊编委。曾在斯坦福大学和北京语言大学任教多年。

赵绍玲

　　笔名向娅,中国记者协会会员,中国作家协会会员。主要作品有报告文学集《二十四人的性爱世界》《国际航线上的中国空姐》《国际航线上的奇闻秘事》等,电视艺术片《凝固的情感》《希望之光》等。多部作品被改编成广播剧、电影、电视连续剧,获各类奖项多次。

Yuehua Liu

A graduate of the Chinese Department of Peking University, Yuehua Liu was Professor in Chinese at the Beijing Language and Culture University. In 1989, she continued her professional career in the United States and had taught Chinese at Wellesley College, MIT, and Harvard University for many years. Her research concentrated on modern Chinese grammar, especially grammar for teaching Chinese as a foreign language. Her major publications include *Practical Modern Chinese Grammar* (co-author), *Comprehensive Studies of Chinese Directional Complements*, and *Writings on Chinese Grammar* as well as the Chinese textbook series *Integrated Chinese* (chief editor) and the audio-video textbook set *Learning Advanced Colloquial Chinese from TV* (co-author).

Chengzhi Chu

Chengzhi Chu is associate professor and coordinator of the Chinese Language Program at the University of California, Davis, where he also serves on the Graduate Faculty of Linguistics. He is the former president of the Chinese Language Teachers Association, USA, and guest professor or honorable professor of several other universities. Chu received his Ph.D. from the University of Hawaii. He had taught at Stanford University and the Beijing Language and Culture University for many years before joining UC Davis.

Shaoling Zhao

With Xiangya as her pen name, Shaoling Zhao is an award-winning Chinese writer. She is a member of the All-China Writers Association and the All-China Journalists Association. She authored many influential reportages and television play and film scripts, including *Hostesses on International Airlines*, *Concretionary Affection*, and *The Silver Lining*.

前　言

　　学一种语言，只凭一套教科书，只靠课堂的时间，是远远不够的。因为记忆会不断地经受时间的冲刷，学过的会不断地遗忘。学外语的人，不是经常会因为记不住生词而苦恼吗？一个词学过了，很快就忘了，下次遇到了，只好查词典，这时你才知道已经学过。可是不久，你又遇到这个词，好像又是初次见面，你只好再查词典。查过之后，你会怨自己：脑子怎么这么差，这个词怎么老也记不住！其实，并不是你的脑子差，而是学过的东西时间久了，在你的脑子中变成了沉睡的记忆，要想不忘，就需要经常唤醒它，激活它。"汉语风"分级读物，就是为此而编写的。

　　为了"激活记忆"，学外语的人都有自己的一套办法。比如有的人做生词卡，有的人做生词本，经常翻看复习。还有肯下苦功夫的人，干脆背词典，从A部第一个词背到Z部最后一个词。这种做法也许精神可嘉，但是不仅过程痛苦，效果也不一定理想。"汉语风"分级读物，是专业作家专门为"汉语风"写作的，每一本读物不仅涵盖相应等级的全部词汇、语法现象，而且故事有趣，情节吸引人。它使你在享受阅读愉悦的同时，轻松地达到了温故知新的目的。如果你在学习汉语的过程中，经常以"汉语风"为伴，相信你不仅不会为忘记学过的词汇、语法而烦恼，还会逐渐培养出汉语语感，使汉语在你的头脑中牢牢生根。

　　"汉语风"的部分读物出版前曾在华盛顿大学（西雅图）、范德堡大学和加州大学戴维斯分校的六十多位学生中试用。感谢这三所大学的毕念平老师、刘宪民老师和魏苹老师的热心组织和学生们的积极参与。夏威夷大学的姚道中教授，戴维斯加州大学的李宇以及博士生Ann Kelleher和Nicole Richardson对部分读物的初稿提供了一些很好的编辑意见，在此一并表示感谢。

Foreword

When it comes to learning a foreign language, relying on a set of textbooks or spending time in the classroom is not nearly enough. Memory is eroded by time; you keep forgetting what you have learned. Haven't we all been frustrated by our inability to remember new vocabulary? You learn a word and quickly forget it, so next time when you come across it you have to look it up in a dictionary. Only then do you realize that you used to know it, and you start to blame yourself, "why am I so forgetful?" when in fact, it's not your shaky memory that's at fault, but the fact that unless you review constantly, what you've learned quickly becomes dormant. The *Chinese Breeze* graded series is designed specially to help you remember what you've learned.

Everyone learning a second language has his or her way of jogging his or her memory. For example, some people make index cards or vocabulary notebooks so as to thumb through them frequently. Some simply try to go through dictionaries and try to memorize all the vocabulary items from A to Z. This spirit is laudable, but it is a painful process, and the results are far from sure. *Chinese Breeze* is a series of graded readers purposely written by professional authors. Each reader not only incorporates all the vocabulary and grammar specific to the grade but also contains an interesting and absorbing plot. They enable you to refresh and reinforce your knowledge and at the same time have a pleasurable time with the story. If you make *Chinese Breeze* a constant companion in your studies of Chinese, you won't have to worry about forgetting your vocabulary and grammar. You will also develop your feel for the language and root it firmly in your mind.

Thanks are due to Nyan-ping Bi, Xianmin Liu, and Ping Wei for arranging more than sixty students to field-test several of the readers in the *Chinese Breeze* series. Professor Tao-chung Yao at the University of Hawaii. Ms. Yu Li and Ph.D. students Ann Kelleher and Nicole Richardson of UC Davis provided very good editorial suggestions. We thank our colleagues, students, and friends for their support and assistance.

主要人物和地方名称
Main Characters and Main Places

我 wǒ

I, a drug-sniffing dog trainer

维克 Wéikè

Vick, a former military dog, now a drug-sniffing dog

张主任 Zhāng zhǔrèn

Director Zhang, Director of the Drug-sniffing Dog Training Center

红其拉甫 Hóngqílāfǔ: Khunjerab, a Sino-Pakistani border crossing

金新月 Jīnxīnyuè: Golden Crescent, a principal area of illicit opium production located at the crossroads of Afghanistan, Iran and Pakistan

文中所有专有名词下面有下画线, 比如: 维克
(All the proper nouns in the text are underlined, such as in 维克)

目　录
Contents

1. 我当上了缉毒[1]犬[2]训导员[3]

那是1994年，我因为高考前整天玩儿足球、篮球，电视球赛也看得太多，考试成绩不太好，没上成大学，心里不舒服了好多天。暑假还没过完，朋友带来一个消息：北京缉毒[1]犬[2]训导中心刚建设好，需要年轻人，他问我想不想去。

---

1. 缉毒 jīdú: to crack down on narcotic trafficking
2. 犬 quǎn: dog
3. 训导员 xùndǎoyuán: trainer (训导 to train；员 person)

缉毒[1]犬[2]训导中心？我想，那一定是带着狗一起去缉毒[1]，就像我在一个美国电影里看到过的那样。这很棒，比上大学更有意思，我喜欢！

我按地图找到了那个缉毒[1]犬[2]训导中心。这个中心在北京城外，离我家挺远的。站在训导中心的主任[4]办公室，我心里有一点儿紧张，很怕主任[4]觉得我不是大学生，文化不高，不要我。

主任[4]姓张，听我说特别想做缉毒[1]犬[2]训导员[3]，他上下看了看我，笑了，说："年轻人，我们工资不高啊。如果你真的喜欢这工作，愿意认真地做这件事，欢迎你！"

我很高兴，也挺喜欢这个张主任[4]，觉得他虽然长得不怎么[5]帅，但给我当领导却很合适。

夏天过完了，中心里像我这样的青年训导员[3]已经有了八九位，可是，却一只缉毒[1]犬[2]还没有呢！主任[4]给了我们一些书和杂志，还有一本词典，

---

4. 主任 zhǔrèn: director
5. 不怎么 bù zěnme: not very

让我们把中心的小图书馆当教室，每天看几篇文章。他常说："训导缉毒[1]犬[2]不但是技术，也是艺术，先要好好儿从书上学习知识。"可是，你想想，没有狗，光看书光听张主任[4]上课，学怎么训导缉毒[1]犬[2]，多没意思！

　　总是见不到缉毒[1]犬[2]，我们不但有点儿着急，也觉得奇怪，就去问张主任[4]。张主任[4]三个月前刚从美国学习、访问回来，他是我们中心懂缉毒[1]犬[2]知识最多的人。

　　张主任[4]把眼镜拿下来，看着我们说："你们知道什么样的狗可以当缉毒[1]犬[2]吗？有些家庭养的狗看起来很可爱，但是并不能当缉毒[1]犬[2]。缉、毒、犬[2]（这三个字他不但说得很重，还说一个字停一下），一定要特别聪明、特别努力、能接受训练[6]、能很快提高……还有，最好是有训练[6]基础[7]的狗。咱们中心刚建起来，困难很多，钱也比较少，还不可能到外国去买那些很贵的狗。咱们国内的狗虽然

5

10

15

20

6. 训练 xùnliàn: to train; training
7. 基础 jīchǔ: foundation, base

很多，但是，想找到可以当缉毒¹犬²的狗并不容易。你们没看见我正到处找这样的狗吗？"

其实，我知道，<u>张</u>主任⁴心里比我们还着急。我每天都看见他在办公室里不停地打电话，和人讨论，到处找够条件的狗……

冬天开始的时候，<u>张</u>主任⁴找到了三只狗。真不错！一只小白狗，说它小，是因为它的身体实在太小了，只比我43号的鞋大一点儿；一只黑的，长得比较大；还有一只黄的，最大。可是，这只最大的黄狗，腿很短，叫的声音也小，那样子像个新来的客

人，还没那只最小的白狗精神[8]呢！我想，不管它们看起来怎么样，<u>张主任</u>[4]用了那么长时间才把它们找来，一定有他的道理。

现在中心有狗了，大家都很高兴，常常站在这三只狗周围考虑：自己选哪一只当搭档[9]才好？ 5

Want to check your understanding of this part?
Go to the questions on page 75.

8. 精神 jīngshen: vigorous; spirit
9. 搭档 dādàng: partner

2. 维克，我愿意做你的朋友

有一天，听说张主任⁴又找到了一只狗，大家都跑过去看新鲜¹⁰。这样的事当然少不了¹¹我，我飞一样跑在最前边。

5　　　　跑到离犬舍¹²十几米的地方，我突然停住了脚——我看见了它！

啊，这是一只怎样的狗！

它非常高大，我想，我一米七四，要是它站起来，可能跟我差不多

10　高！它背¹³上的毛是黑的，那黑颜色真漂亮，就像有太阳的光照在上面。腿上和肚子上、头上的毛是黄的。那黄颜色的毛也特别漂亮，就像照着月亮的光。它的眼睛很大，周围是黑

15　的，看起来很深。这又黑又深又大的

---

10. 新鲜 xīnxiān: rare, novel
11. 少不了 shǎobuliǎo: cannot do without, must have
12. 犬舍 quǎnshè: dog house (舍 house)
13. 背 bèi: back of the body

眼睛和别的狗不一样，里面有种让人
害怕的东西——这双眼睛看人的时
候，样子特别凶猛[14]，让人觉得背[13]上
好冷！特别让人觉得冷的，是它的
脸。它的脸像多云的天那样阴着，左　　5
边脸上还有条深深的伤疤[15]。那伤疤[15]
很长，一直到它的鼻子……看到这条
长长的伤疤[15]，我的心突然动了一下。

　　主任[4]见我们都来了，就转过身
体，对我们说："大家都听着，今天维　　10
克来了，我们就有四只狗了，已经不
算太少了，下一周，我们的训练[6]就开
始了！"

　　我知道了，这只虽然漂亮，但让
人害怕的大狗叫维克！　　15

　　听了主任[4]的话大家很高兴，都吵
起来。有的说我要小白狗，有的说我
要小黑狗，有的说我要大黄狗……

　　张主任[4]找来的这三只狗很像张主
任[4]（对不起，张主任[4]，我知道这样　　20
说您有点儿不合适），长得虽然不怎么[5]
样，但非常聪明。它们好像知道大家

---

14. 凶猛 xiōngměng: ferocious
15. 伤疤 shāngbā: scars

在说它们，也都很高兴地闹着，向大家摇晃[16]着身体和尾巴[17]，在大家的腿周围转，挺可爱的。吵了二十多分钟，我的三个同事得到了那三只狗。

5　　"谁要维克?"主任[4]问。这次，谁都没说话……

　　"它可是有名的狗呀，地道的德国[18]牧羊犬[19]!"主任[4]说，"真的没人要?"

10　　我看看周围，还是没人说话。我的心跳加快了!

　　"这是只有故事的狗。"主任[4]又说。接着，他慢慢地给我们讲起了维克的故事。

15　　维克原来是只军犬[20]，才三岁。它聪明、努力，成绩提高很快，参加军犬[20]比赛的时候，表现非常棒，两次都得了第一! 看过维克比赛的人都说，维克是军犬[20]队里最棒的。但是有一次，维克被人用棍子[21]重重地打

20

---

16. 摇晃 yáohuàng: to shake
17. 尾巴 wěiba: tail
18. 德国 Déguó: Germany
19. 牧羊犬 mùyángquǎn: shepherd dog
20. 军犬 jūnquǎn: military dog
21. 棍子 gùnzi: stick

了，从那天起，维克只要看见拿棍子[21]的人，跳上去就咬[22]，对训导员[3]它也不再相信，成了一只有问题的军犬[20]，怎么都纠正不过来[23]。

主任[4]说到这儿，声音低下去。"你们看，训导一只狗有多难，发生一次错误，结果就很严重。维克，多好的一只军犬[20]，就这样废[24]了……"

听了维克的故事，我感觉心里很不舒服。

主任[4]接着说："现在，我把维克

5

10

---

22. 咬 yǎo: to bite
23. 纠正不过来 jiūzhèng bú guòlái: cannot correct over (纠正 to correct)
24. 废 fèi: to become useless

要到我们中心来，是考虑到它本来很
棒，又有训练[6]基础[7]，才三岁，并
且，它是国家花了很多美元从德国[18]
买来的，是地道的德国[18]牧羊犬[19]，我
们很需要这样的狗做缉毒[1]犬[2]。从我
的经验来看，维克到我们中心以后，
换了环境，只要有人能得到它的信任[25]，
让它忘记在旧环境里受的伤害[26]，就应
该能纠正它，使它成为一只最棒的缉
毒[1]犬[2]。怎么样？谁愿意训导维克？"

　　周围一片安静，大家的眼睛都看
着自己的脚。我知道，没人想要这只
不但脸受了伤害[26]，心也受了伤害[26]的
凶猛[14]的大狗。有两个训导员[3]在我后
面声音很小地说："谁选择这只狗，谁
就是给自己找麻烦！"

　　我知道，他们说得对，维克的问
题很严重。但是，看着高大凶猛[14]又
有很好训练[6]历史的维克，看着它又大
又黑又深的眼睛，我突然觉得我其实
懂这只狗。它虽然长得很高大，样子
很凶猛[14]，但是它没有安全的感觉，那

---

25. 信任 xìnrèn: to trust
26. 伤害 shānghài: to harm

黑黑的眼睛里不是冷，是孤独²⁷。它需要关心，需要朋友，需要爱。"维克，"我在心里说，"我愿意做你的朋友，相信我！让我们像那个美国电影一样，一起成为缉毒¹英雄！"我的心跳得越来越快、越来越重，在一片安静中，我突然说："主任⁴（天啊，我没想到自己的声音会这样大），我要维克！" | 5

大家的眼睛从自己的脚上一起转到我的脸上。主任⁴笑了。 | 10

Want to check your understanding of this part?

Go to the questions on page 75.

---

27. 孤独 gūdú: lonely

3. 我和维克的关系

维克真是只聪明的狗，它一直在注意着周围的情况，现在，它好像听懂了什么，好像知道我和它将要有重要的关系。它转过头，长时间地、注意地看着我。我也注意地看着它。我觉得，它眼睛里不但有那种冷冷的光，还有点儿研究我的样子。

5

张主任[4]早就说过，狗比人聪明，现在我才明白这话的意思。维克听懂

了我们刚才说的话，我们却没有一个
人懂维克的心。我真想问问，维克，
你这样看着我，想对我说什么吗？

　　人们都走了，只剩下我和维克。　5
我想走近它，拍拍它的头，对它说我
喜欢它。可是，我向前一步，它就向
后一步，总是和我离那么一米多远。
维克，怎么才能让你知道，我是你
朋友？

　　正这样想的时候，我忽然看见，　10
维克回过头，努力地用嘴去咬[22]自己
后面的那条腿。啊，我知道了，它后
面那条腿痒痒[28]！这下我有办法了。
我动作很慢地拿起放在小桌子上的
梳子[29]——其实，我是喜欢做事快的　15
人，但现在我怕太快了影响到维克。
我轻轻走过去，又很慢很轻地对维克
说："维克，让我来帮你。"维克的嘴
放开后腿，回过头看着我，有些不相
信地往后了一步。我笑了笑，还是那　20
样轻轻地对它说："维克，我知道，你
的腿痒痒[28]了，让我帮助你。"从它的

28. 痒痒 yǎngyang: to itch
29. 梳子 shūzi: comb

眼睛里我知道，维克看到了我拿着梳
子[29]，也听懂了我的话，但它的身体
还是又向后了一点儿。我就像没看见
它向后的动作一样，靠近它，很自然
地开始帮助它梳那条腿上的毛。我梳
的时候，它的身体虽然还是一点儿一
点儿地向后，但是，从它的眼睛和脸
看得出，我这样不轻不重地梳，它的
后腿不痒痒[28]了，它觉得舒服多了。
我接着给它梳头上和身上的毛，一边
梳，还一边跟它聊天儿。我说："维
克，你知道吗？别看我没上成大学，
其实我挺棒的。比如，我长得特别
帅，还有，我心情总是特别好。妈妈
说，我脸上就像照着太阳的光，别人
看见了心也热热的。我喜欢运动，又
爱笑，这是受我爸爸的影响。我跑得
又快，跳得又高，我爱踢足球，还爱
打篮球，就因为太爱玩儿了，所以没
上成大学。不过，这没关系，我挺喜
欢现在的工作的。"我一边给维克梳
毛，一边接着说，"你知道吗？维克，
我上中学的时候，有个女同学跟我挺
好的。挺好的，你懂吗？挺好的，就

是比跟一般同学的关系好。她挺聪
明，女同学里数她最漂亮。你要是不
相信，以后有机会，我介绍你们俩见
见面。这个好看的姑娘学习成绩跟我
差不多，都不是最好的……喂喂，维   5
克，你是不是笑我们了？我知道，我
们俩学习都不太好。她也不喜欢数
学、不喜欢写作业，和我一样也是只
喜欢文学；她也特别喜欢玩儿，比如
打球、游泳、旅游，尤其喜欢唱歌。   10
我们俩兴趣都挺多，所以成绩都不太
好，都没上成大学。我们同学了六
年，她原来想去银行工作，后来又想
当导游，现在却当了护士[30]。我工作
以后，因为上班的地方离城太远，和   15
她见面挺困难，一个星期只有周末才
能去看看她……哦，维克，你听说过
吗？英国有句话：女人心，海底针[31]。
我觉得，虽然我们没吵架，可她现在
接我的电话不像过去那么高兴了。维   20
克，你说我们俩还能发展下去吗？”想

---

30. 护士 hùshi: nurse
31. 女人心, 海底针 nǚrén xīn, hǎidǐ zhēn: a woman's heart, an undersea
   needle

好狗维克

到女朋友最近对我有点儿冷，我心里突然不舒服了，就说："算了，不说她了，说咱们俩。维克，从今天起，咱们俩就成了朋友。我比你大，我当哥哥，你做弟弟，你要听我的话，你愿意吗？以后缉毒¹的时候咱俩就是搭档⁹，搭档⁹的意思你懂吧？那就是不管是生是死，咱们俩都要在一起，互相帮忙，互相保护，完成缉毒¹工作！你看你长得多高啊，身体这么棒！张主任⁴说了，只要你努力，一定能成缉毒¹英雄！咱们俩一块儿做英雄，你说好不好？"

维克的毛梳好了，梳掉了毛上的脏东西，原来有点儿乱的毛也不乱了。维克变得更精神[8]了。它现在是安静地站在那里让我梳毛，身体已经不再一点儿一点儿地向后了。

维克的毛虽然早就梳好了，可是我非常喜欢这样和维克在一起，看着它，和它说话，就像跟老朋友聊天儿，所以我就一直说下去，梳下去。

这样梳着毛、聊着天儿，很快就到了吃饭时间。维克对我的态度好多了，我心里很高兴，说了句"维克，你等着，我给你打饭去"，就跑着去给维克拿来了它那份儿饭。可是，维克却像没看见，一点儿也不吃。我很着急，现在我是它的训导员[3]，要是它不吃我给它的饭，那麻烦就大了，就说明它还是不相信我。这情况该怎么处理？忽然，我想起了书上说的一个办法。我站在维克对面，让它看着，我拿起碗，从里面拿了一点儿饭，放进嘴里，很香地吃起来。吃的时候，我让自己嘴的动作特别大，声音也很大，好像很香。这样做，里面有科学

5

10

15

20

根据，也有感情³²根据。

这时，维克的态度好像有了变化。它看了看我，又闻³³了闻³³它的饭，在碗的周围来回走了几步，然后
5　站住，用那双很黑很深的大眼睛看着窗户外面，好像在考虑什么，却一直没有动那些饭。

天慢慢黑了下来，冬天的白天短。这一整天在维克的犬舍¹²里，我
10　没喝一口水，不但没吃午饭，也错过了晚饭时间。我又渴又饿，累得站着都快睡着了。回到自己的房间，我一下子倒在床上，可能连一分钟都不到，就睡着了。

15　半夜的时候，起风了，还下起了雪。虽然暖和的床让我睡得很舒服，可我却突然醒了过来。听到外面风吹到树上、房子上的声音，看到窗户外的世界全白了，我的心一紧：这么冷
20　的夜，维克怎么样了？它刚到一个新环境，只认识我一个人，在这刮着大风、下着大雪的夜里，犬舍¹²里只有

---

32. 感情 gǎnqíng: emotion
33. 闻 wén: to smell

它自己，它该多么孤独²⁷？

　　我跳下床，一边穿衣服一边往犬舍¹²跑。刚到维克的犬舍¹²附近，借着灯光，就看到维克用两只后腿站在窗户前边，样子有点儿紧张，眼睛向着我的方向看……看到我跑来了，它好像一下轻松了许多。我心里一热，忙叫了声："维克！"听到我叫它的名字，维克身体一转，从窗户前跑到门口。我刚打开门，它马上把身体靠向我的腿，在我腿上不停地蹭³⁴，那样子就像孤独²⁷的孩子见到了大人，嘴里还用很细的声音低低地叫着。我觉得，那声音里带着一种感情³²。我的好弟弟，好朋友，对不起，我不该把你一个人留在这里……我不知道说什么才好，一把抱住维克。

　　狗也有思想，也懂感情³²，而且是最重感情³²的。离开了那个伤害²⁶过它的地方，在这个新环境里遇到³⁵我，特别是在这个大风雪的夜里，在它觉得孤独²⁷的时候，我来陪它，它

34. 蹭 cèng: to rub
35. 遇到 yùdào: to meet

19

知道了我是真心对它好，它也已经把我当它的朋友了。

　　按中心的要求，我不能把维克带回我的宿舍，那么，就让我留下来好5 了。我怕维克感冒，就脱下外面的衣服，让维克躺在上面，我坐在维克旁边，用身体靠着它。虽然脱掉了外面的衣服，但我感到靠着它的那部分身体和心都很暖和。我把维克的饭拿到10 它嘴附近，轻轻拍着它的背[13]和头说："吃吧，吃吧，吃了就不饿、不冷了……"后来，我靠着它慢慢睡着了。

　　早上，都七点了，我才醒。我发现，维克一直让我靠着它，没有离开。另外，我还发现，不知道什么时

候，维克已经把饭全吃完了，碗就像洗过一样干净。我高兴得心都要跳出来了，我觉得维克已经了解了我、相信了我。我真想对它说："谢谢你，我的维克！"

就这样和维克天天在一起，给它洗澡、梳毛，给它送饭。带它散步、晒太阳，和它谈话。给它擦窗户，把犬舍[12]打扫干净。现在，它对我的态度完全不同了，只要远远听见我走路的声音（当然，更可能是闻[33]到我身体的味道），它就马上跑到窗户前，用两只后腿站起来往外看。一看到我高高兴兴笑着向它走过来，它的两只前腿就开始努力地在窗户上扑[36]抓[37]，尾巴[17]也开始摇晃[16]，嘴里不停地低低地叫着。我知道，虽然它的脸不会笑，但这些都是它高兴的表示。

多么好啊，维克的问题在慢慢纠正。

Want to check your understanding of this part?
Go to the questions on page 76.

36. 扑 pū: to rush at
37. 抓 zhuā: to scratch, to catch

4. 真像个缉毒[1]天才[38]

几天后，身体训练[6]开始了。我按书上写的，从容易到困难，一个动作一个动作地慢慢往上加，锻炼维克。维克的表现让所有的人满意，它不怕苦、不怕累，是四只缉毒[1]犬[2]里最强的一只。三米高的墙，我都过不去，可它一下子就能跳过去。那三只狗就差多了，练习了好多天，最大的那只黄狗才很不容易地跳过了两米四。有些地方，很黑，长得很高大的男人都不敢一个人进，维克却不怕。而且，现在的维克对我特别信任[25]，也特别忠诚[39]，只要我指着前边说："维克，进！"不管里面多黑，多让人害怕，维克都会像一辆参加F1比赛的汽车开起来那样，飞一样地跑进去！维克还可以很专注地连着训练[6]好几个钟头，表

38. 天才 tiāncái: genius
39. 忠诚 zhōngchéng: loyal, faithful; loyalty

现出地道的德国[18]牧羊犬[19]聪明、凶
猛[14]、忠诚[39]的精神[8]。书上那些成套
的动作维克一学就会。当然，这些动
作，维克可能在当军犬[20]的时候就已
经会了。这就是张主任[4]说的——基   5
础[7]好啊！维克做对了，我就马上对
它笑，马上奖励[40]它，让它知道：它
做对了，我的心情就特别好，我为它
的成绩高兴。对缉毒[1]犬[2]的奖励[40]并
不是给它喜欢吃的东西。给维克的奖   10
励[40]是我高高兴兴地用手拍它的头和
身体，一边拍一边说："真棒！真
棒！"然后拿出一个毛巾把儿[41]，一
看到这个毛巾把儿[41]，它就知道，可
以和我一起玩儿了。玩儿谁不喜欢？   15
特别是和自己最好的朋友一起。我一
拿出毛巾把儿[41]，维克就高兴得身
体、尾巴[17]一起摇晃[16]。我让它紧紧
咬[22]住毛巾把儿[41]，我拿住毛巾把儿[41]
的两边，提起它的身体，然后开始   20
转。维克现在的身体很重，每次奖励[40]
它，我都需要特别努力。我发现，我

---

40. 奖励 jiǎnglì: to reward; award
41. 毛巾把儿 máojīnbàr: towel bar

提它的时候表现得越努力，它越高兴，就像个孩子。看着我努力地提它、转它，<u>维克</u>连眼睛都笑成个"一"字了。我放下它以后，它就用后腿站着，两只前腿抱着我，脸紧紧贴着我的脸，特别亲热⁴²。

5

<u>张主任</u>⁴很注意我和<u>维克</u>，看到<u>维克</u>的变化和进步，非常满意。他像我拍着<u>维克</u>的背¹³那样拍着我的背¹³对我说过好几遍："不错，年轻人！不错啊！"同事对<u>维克</u>的看法也在变。有些同事看到凶猛¹⁴的<u>维克</u>训练⁶的时候表现那么好，挺高兴。不过，还是有不

10

42. 亲热 qīnrè: intimate

少同事认为，事情没有那么简单，他们还在替我担心……

缉毒[1]犬[2]训导中心其实就是座学校，这四只缉毒[1]犬[2]就是一年级学生，训导员[3]就是老师，身体训练[6]就 [5] 是开学的第一节课。身体训练[6]结束以后，照计划，我们增加了缉毒[1]训练[6]。缉毒[1]训练[6]对维克来说全是新课，一点儿基础[7]都没有，我有点儿替它担心。第一天上课前，我把维克叫到一 [10] 边，拍着它的背[13]，做出很高兴的样子对它说："维克，我们来做个新的游戏——好好儿记住我给你闻[33]的味道，然后我把它放到一个地方，你去找它！"我说话的样子，好像真的是要 [15] 和它一起做游戏。我这样做是有道理的，图书馆里有本书说过，兴奋[43]型[44]的狗，一玩儿起来，就特别兴奋[43]，一兴奋[43]，它的鼻子、眼睛、耳朵都特别好用。这句话在那本书的58页，我记 [20] 得非常清楚。维克就是兴奋[43]型[44]的狗，所以，训练[6]的时候一定要让它兴

43. 兴奋 xīngfèn: exciting
44. 型 xíng: type

奋[43]起来才行。

聪明的维克听懂了我的要求，摇晃[16]着尾巴[17]等着和我做游戏。我给它闻[33]了一个带有毒品[45]味道的毛巾把儿[41]（这是第一次让它闻[33]到毒品[45]的味道），然后把它拉到很远的地方，让同事把那个毛巾把儿[41]放进一个大包里，里面填上别的东西，再把这个大包和十几个没有毒品[45]的大包放在一起，让大包一个接一个，在院子里摆成一个大大的圆。看到同事已经做好准备，我拉着维克跑回来："维克，上！"我像做游戏那样，高高兴兴地拍了拍维克的背[13]，维克马上飞一样地在大包周围跑起来，可是，都已经快跑到开始的地方了，好像它还没发现毒品[45]。我有点儿着急了，以为它光想玩儿，跑得太快了，马马虎虎的，所以没闻[33]到毒品[45]的味道。

可是，就在我担心的时候，维克突然转过身，很快地往回跑，跑到那个放着毛巾把儿[41]的大包旁边，又咬[22]又扑[36]又抓[37]，还愉快地大叫。那情形

45. 毒品 dúpǐn: narcotic drugs

就像在向我报告："在这里！在这里！"

这一切都被张主任[4]看到了。他非常高兴地走过来说："好狗，好狗啊！一般的狗，都是一个包一个包地闻[33]，一边闻[33]，一边慢慢地跑，因为跑快了它就闻[33]不到了。可是维克，你看看，刮风一样跑过去，都能闻[33]到味道，已经跑出去很远了，还能按味道再找回来。啊，这个维克，真像个缉毒[1]天才[38]！好好儿训练[6]，恐怕很快就能成为缉毒[1]英雄！"

听了主任[4]的话，我心里又高兴，又骄傲[46]。我为维克高兴，为维克骄傲[46]。

46. 骄傲 jiāo'ào: proud; pride

缉毒[1]训练[6]进行了一个多月，维克所有成绩都很棒，在中心的四只缉毒[1]犬[2]里，它各方面成绩都是第一名。

缉毒[1]犬[2]不但要能在平常习惯了的院子里、房间里缉毒[1]，还要能在任何改变了的新环境里找到毒品[45]。为了训练[6]它们，张主任[4]设计了一个不但对缉毒[1]犬[2]来说很新，对我们这些训导员[3]来说也很新的环境——他自己的宿舍。他把一片只有一分钱人民币大小的有毒品[45]味道的纸放在他桌子上的电脑下面，又在桌子上的碗里放了些特别香的饭菜，另一小片纸放到刷牙的杯子里，旁边放了杯又香又甜的果汁，然后让四只缉毒[1]犬[2]一只一只地进去找。

可能因为纸片太小，毒品[45]的味道也很小，果汁和饭菜的味道又特别大，特别香；也可能因为小小的宿舍里有两个地方同时出现毒品[45]的味道，和过去的缉毒[1]训练[6]不一样。那只小白狗转了好几分钟，表现得有点儿乱，后来只找到了一张纸。那只黑狗虽然找到了两张纸，可是它在放饭

菜的碗旁边转的时间太长了。而那只
总是像一个客人的黄狗进了主任⁴的宿
舍，表现得有点儿怕。主任⁴把脸拉长
对着它大叫："站住！别动！"这一
叫，坏了，它马上跑到它的训导员³身   5
体后边，从训导员³两条腿的中间往外
看……看到它怕成那个样子，我心
想："这也叫狗?"过了几分钟，它才
敢从训导员³身体后边走出来。还算不
错，它最后找到了那两张纸。   10

　　张主任⁴不太满意。

　　该维克进去了，我拉着它跑着进
了张主任⁴的宿舍。（其实是它拉着
我，因为它跑得飞一样快，我差点儿
追不上它。）   15

　　维克是第一次进张主任⁴宿舍，它
觉得一切都很新鲜¹⁰，东边看一看，
西边看一看，有时候还跳起来，想看
看绿颜色的冰箱上面有什么，电视后
面有什么。我正担心它的兴趣不对，   20
没想到，维克突然转过身体，鼻子一
动一动，凶猛¹⁴地大叫着往电脑上扑³⁶
抓³⁷，几下就把电脑给扑³⁶倒了，电脑
上的一本日记、一支笔也掉了下来。

张主任⁴苦着脸笑了起来，说："啊，是我的错，我不应该把那张小纸放在计算机下边，你看你看，计算机可能被维克扑³⁶抓³⁷坏了呢，还好没有通电。"我们大家都笑起来。要知道，在1994年，北京的电脑还不太多，上网用网络发⁴⁷电子邮件的人也不多，张主任⁴连手机都还没有呢。

我们还在笑，维克却已经很帅地转过身体，向另一个方向跑过去，那里放着主任⁴的刷牙杯子。维克一点儿都不客气，跳过去一口咬²²住了那个杯子，杯子当时就坏了。张主任⁴拍着自己的头连连叫着："我的刷牙杯子

47. 发 fā: to send (email)

啊，被维克咬²²坏了！"看着主任⁴的样子，大家又大笑起来。我开玩笑地说："让缉毒¹犬²到你宿舍缉毒¹，可是你自己的主意啊，跟我没关系。现在，你就自己收拾去吧！"

见大家都笑了，特别是见我特别高兴，维克也特别高兴。它摇晃¹⁶着尾巴¹⁷跑到我腿旁边，眼睛一直看着我。我知道，它在等着我的奖励⁴⁰呢！我拿出毛巾把儿⁴¹，维克马上高兴地咬²²住它。我把维克提起来，在主任⁴那间已经被搞得很乱的宿舍里，我一边转着维克，一边声音很大地唱着歌。我比平常转得都要多，维克很高兴，我也很高兴。

其实，在短短一个多月的缉毒¹训练⁶里，那三条狗训练⁶成绩也挺好，但是换一个环境它们就有点儿乱，有点儿怕，还会出点儿错。这么一比，维克实在是太棒了，就像张主任⁴说的，它真是个缉毒¹天才³⁸！

Want to check your understanding of this part?
Go to the questions on page 76.

5. 同事的担心成了真

　　张主任 [4] 认为维克是个缉毒 [1] 天才 [38]，我也同意。但是，有几个同事不这样看。他们经常告诉我，不要高兴得太早，心里受过伤害 [26] 的狗，改不了，不知道什么时候就会出问题。

　　结果，他们真的说对了。

　　日子过得很快，新年就要到了。那天早饭后，我正带着维克练习从行李里找毒品 [45]。维克很用功，拉着我高高兴兴地在院子里跑来跑去。谁想到，正跑着，维克突然停住了，身体上的毛全部"站"起来，身体好像大了一倍，眼睛也变得特别大，非常凶猛 [14] 地看着大门的方向。我很奇怪，还没等我看清楚，维克已经大叫着跑到了大门口。大门口有栅栏 [48]，它出不去，就在门口叫啊、咬 [22] 啊，栅栏 [48] 都被它咬 [22] 坏了一大块。因为我一直

48. 栅栏 zhàlan: fence

在后边拉着它，它突然一跑，我都被他拉倒了。它就像马拉车一样拉着我跑到了大门口，我的衣服、裤子都脏了，手和腿也很疼。

"维克，你怎么了？"我赶快爬起来才看清楚，有位在附近打工的农民，拿着个棍子²¹，从大门口经过……

5

我的心像被人扎⁴⁹了一刀，疼极了。我突然明白了，维克，原来你心里受过的伤害²⁶并没有好，当出现和受伤害²⁶时一样的情况，那受伤害²⁶的地方就会出血⁵⁰……维克，原来你的

10

---

49. 扎 zhā: to prick, to stab
50. 出血 chū xiě: to bleed

快乐是那么浅，而你受的伤害²⁶又是那么深！对不起，我的<u>维克</u>，我还太不了解你。

那位农民什么都不知道，拿着棍子²¹向西，拐过一家小超市，过了小河，继续往远处的农村走去，<u>维克</u>却还在凶猛¹⁴地对着他叫。我赶快抱住它的头，不停地叫"<u>维克</u>，<u>维克</u>"，同时拍着它的身体，说："我在这里，我和你在一起！"过了很长时间，已经看不见那个农民了，<u>维克</u>才停下来。

后来几天情况都非常糟糕，<u>维克</u>不能很好地训练⁶，眼睛总是凶猛¹⁴地看着大门的方向。虽然<u>维克</u>对我态度还是很亲热⁴²，但同事们都在说，<u>维克</u>不行了，废²⁴了。<u>张主任</u>⁴也说，看见拿棍子²¹的人就咬²²，这个问题要是不解决，<u>维克</u>就不能再当缉毒¹犬²。这让我十分着急，我一定要想个好办法，拯救⁵¹<u>维克</u>！

新年到了，放假三天，可是我不想回家。不，不是我不想回家，是我不能留下<u>维克</u>自己回家。另外，<u>张主

51. 拯救 zhěngjiù: to save

任⁴说，解铃还须系铃人⁵²，他支持我利用放假的时间去找军犬²⁰队的训导员³，建议我多了解一些维克受伤害²⁶的经过，张主任⁴还给军犬²⁰队的领导打了联系电话。我想，这也许对解决维克的问题有帮助。

　　新年前一天的下午，我给爸爸妈妈打电话，告诉他们，维克遇到³⁵问题了，它需要我，我不能回家了。爸爸笑着说："孩子，你放心，不用给我们讲道理，更不必想得太多，你爱自己的工作，这很好，妈妈和我都支持你！"

　　我又给女朋友打了个电话，我说，以后我一定抽时间去看她。她很快地说："我喜欢艺术，新年我要去听音乐会、去参加舞会，现在我正在准备一个唱歌的节目，我也没空儿。至于你新年做什么，那是你的自由。"说完她就把电话挂上了。啊，她一定是生气了，她那好听的声音那么冷，那么硬。我们俩是不是真的要结束了？

5

10

15

20

---

52. 解铃还须系铃人 jiě líng hái xū xì líng rén: Whoever started the trouble should end it.

考虑不了那么多了，现在拯救[51]维克是第一位的。

军犬[20]队在城市的西边，两座山之间，离我们中心有几十公里，骑自行车太远，我从地图上查到了去那里的公共汽车。新年那天早上，我八点多就出发了，转了三次车，一共四十多站，下午一点左右才到。

维克原来的训导员[3]正在等我。他比我大，也比我高，但是比我瘦。看到我还给他带了新年礼物，他的脸红了，很不好意思。我一提起维克，他的眼睛里马上有了泪光[53]，给我讲了去年发生的事……

---

53. 泪光 lèiguāng: glistening teardrops (泪 tears；光 glisten)

　　他说："那是个阴天，刚下过大
雪，早上我突然接到我家邻居黄小姐
的信，她告诉我，我的女朋友已经跟
别人结婚了。信上那些字，就像刀扎⁴⁹
着我的眼睛、我的心。我很生气……　　　5
那天，我负责带着<u>维克</u>练习过一座
桥。那桥很高、很长、也很窄，上面
还有雪，<u>维克</u>却一点儿都不怕，我让
它上它就上，并且飞一样地跑过去。
可是，另一只军犬²⁰却试了好几次都　　　10
不敢过，每次都是刚上到一半就下
来，好像这座桥走不通。我就让<u>维克</u>
在前面带着它跑，<u>维克</u>安全地跑了好
几次以后，那条军犬²⁰才跟在它后面
过了那座桥。　　　　　　　　　　　　15

　　"<u>维克</u>在训练⁶中表现那么棒，我
就像过去一样奖励⁴⁰它。我给<u>维克</u>的
奖励⁴⁰是一个小球。我把球向一个方
向扔⁵⁴出去，扔⁵⁴得高一些，<u>维克</u>跟着
球向那个方向跑，在球还没有掉下来　　　20
的时候，<u>维克</u>跳起来一口咬²²住它，
再跑回来交给我。<u>维克</u>真是只好狗，

54. 扔 rēng: to throw

跑得非常快，并且每次都能接得住球，这是很多狗都做不到的。

"那天，维克将球带回来交给我的时候，我用手去接，可是，手很冷，没有拿住，球向我左脚的方向掉了下去。维克以为我还在和它做游戏，就很快地去咬²²球。刚下过大雪，维克看不见我站在雪里的脚，一口咬²²下去，咬²²住了我的脚。因为维克是兴奋⁴³型⁴⁴的狗，又玩儿得特别高兴，所以这一口咬²²得很重，我的脚非常疼……哦，那天，从知道女朋友跟别人结婚的消息开始，我就很生气，现在又被维克咬²²了脚，我把所有的不高兴都对着维克发⁵⁵出来了。我已经管不住⁵⁶自己，拿起旁边一个棍子²¹就向维克打过去。这一下，手太重了，维克的脸马上出了血，脸上和地上都红了……当时，维克站在那里，没有跑，也没有叫，就那么流着血看着我，好像不认识我……"

说到这儿，他的声音低下去，泪

---

55. 发 fā: to vent
56. 管不住 guǎnbuzhù: cannot control

像下雨一样流了下来。他一边擦泪一
边接着说："我是维克的第一个训导
员³，它是那么相信我……我对不起维
克。"

　　啊，事情原来是这样……维克是　　5
在最高兴的时候被最相信的人用棍子²¹
重重地打了……我了解了维克心上的
疼，我为这只忠诚³⁹的好狗维克难过。

　　感谢过军犬²⁰队训导员³，回到缉
毒¹犬²训导中心已经是晚上了。餐厅　　10
已经关门了，从窗户里可以看到墙上
挂着的菜单，到底是节日啊，都是好
菜好汤，还有米饭、饺子、啤酒、饮
料，想想都觉得香。再看到餐厅桌子

上放着的碗和筷子，我更觉得又冷又饿又渴，赶快回宿舍喝了一杯热咖啡，拿上几块蛋糕、一包糖、两个苹果、两个香蕉和一点儿葡萄，就来到

5 犬舍[12]。维克最近几天都没好好儿吃东西，没好好儿睡觉，可它还是像过去一样，听见我走路的声音（或者是闻[33]到我身体的味道），就站在那里不停地扑[36]抓[37]窗户了。虽然我听不懂狗的语

10 言，但这个动作说明，分别了整整一天，我想它，它也想我。

我们像两个好久不见的朋友，我一边开犬舍[12]的门一边叫。我叫一次它的名字，它就用很大的声音回答一

15 次，这是我们亲热[42]的表示。我脱下衣服，让维克坐在上面，自己坐在它旁边。维克把头放在我腿上，很舒服的样子。我小心地看看周围，见没有别人，才从里面的衣服里拿出蛋糕和

20 水果（中心有规定，除了中心给狗准备的那份儿饭，不让我们给狗吃别的东西）。我先给维克吃一大口，自己再吃一小口，见维克吃得很高兴，我拍着它，慢慢对它说："维克，了解了你

的过去，我才真的了解了你，那不是
你的错，你是条好狗，我会努力帮助
你忘记过去的伤害²⁶。不过维克，你
也要努力啊，咱们都努力，才能一起
当缉毒¹英雄！今天，咱们俩一起吃蛋
糕、水果，就算咱们俩一起过新年了
——维克，祝你新年快乐！"

5

　　我的话，维克好像都听懂了，它
虽然不会说话，但是它把身体向我这
边靠了靠。我明白，它是想让身体上
的毛离我更近，让我更暖和一些。

10

　　那一夜，我一分钟都没睡着，我
考虑了很久很久……最后，我想出了
一个拯救⁵¹维克的计划。这是一个不

能告诉张主任[4]，不能告诉同事，不能告诉女朋友，更不能告诉爸爸妈妈的计划。原因是，这是个有危险的计划，是个需要我流血的计划；这也是个考试，是我对维克感情[32]的考试，也是维克对我忠诚[39]的考试……我已经决定了。

天好像明白我的心。夜里，月亮不知道什么时候不见了，下起了大雪，很快，树白了，草白了，那栋宿舍楼也白了。我想，真好啊，天这么照顾我，我的计划一定能够实现！

Want to check your understanding of this part?
Go to the questions on page 77.

6. 拯救⁵¹维克

第二天，天晴了，太阳照进了犬舍¹²的窗户。我站起来，高高兴兴地对维克说："朋友，你看，新的一年开始了！"

大家都放假了，中心只有我一个训导员³。早饭前，我按昨天夜里的计划在院子里做了些安排，吃过早饭，我就带着维克出了犬舍¹²。

天上没有云，太阳照在雪上，雪变得非常漂亮，我陪着维克在院子里高兴地跑着，跳着。突然，正跑着的维克一下站住了——它看见雪地上有个棍子²¹，这棍子²¹让它受不了！而这正是我计划的一部分。我像什么都没发现，继续大叫着、大笑着，快乐地跑着。维克看了棍子²¹一会儿，慢慢转过头，又跟着我跑起来。看我那么高兴地和它玩儿，它也很快高兴起来，好像忘了棍子²¹的事。再次跑到

5

10

15

棍子²¹前时，维克只停了停，看了棍子²¹一下，就跑了过去。后来，我又带着维克好几次从棍子²¹旁边跑过，维克已经完全适应了，或是已经忘了棍子²¹的事，现在它连看都不看棍子²¹一下了。我心里很高兴——我的计划已经完成了一半！现在要进行计划的后半部分。我拿出它最喜欢的那个毛巾把儿⁴¹，就像那位军犬²⁰队的训导员³向远处、高处扔⁵⁴球一样，突然把毛巾把儿⁴¹扔⁵⁴出去。聪明的维克想都没想，飞一样追过去！毛巾把儿⁴¹还没掉下来，维克已经咬²²住它，高兴地转过身体向我跑来，而我，早就站到了棍子²¹旁边，用左脚把一些雪翻到右脚上面，做好准备。等维克高高兴兴地跑回来，把毛巾把儿⁴¹送到我手里，希望我再次跟它做游戏的时候，我突然轻轻把毛巾把儿⁴¹往右脚那里一扔⁵⁴，维克马上一口咬²²过来，想咬²²住正往下掉的毛巾把儿⁴¹，几乎同时，我把右脚送到它的嘴旁边！啊……我疼得大叫着倒下去，心里却很高兴——维克像我计划的那样，一口咬²²住了我的右脚！

　　维克知道出了大错，嘴马上放开我的右脚，可是我的脚已经出血⁵⁰了，雪上有了一些红点儿……这一切太突然，维克一下不知道怎么办，它的眼睛紧张地看着我，尾巴¹⁷和毛紧紧地收起来，贴在身体上，一动也不动。

　　现在，计划中最危险的时候到了！我心里说："好维克，我已经通过了考试，现在就看你的了！"我表现得脚很疼的样子，嘴里一边叫着"啊、啊"，一边用手慢慢去拿那个棍子²¹！维克眼睛都圆了，它非常紧张地看着我的手和棍子²¹。我知道，这个动作非常危险，这个动作一定使维克的心里开始"演⁵⁷电影"，它一定想起了曾经发生的一切……但是，我的维克，就算伤害²⁶要再一次到来，它对我的忠诚³⁹却使它没有咬²²我，也没有跑，它只在看，紧张地看！

5

10

15

20

57. 演 yǎn: to act

我慢慢拿起棍子[21]，用棍子[21]支持着身体，一边"啊、啊"地叫着，一边困难地站起来。完全站起来以后，我把身体靠在棍子[21]上，脸上带着笑对维克慢慢说："没关系，好维克，不是你的错，别怕。"维克从我的声音里听懂了我的意思，它眼睛里的紧张慢慢变成了难过，它像个做错事的孩子那样靠过来，不停地舔[58]着我的手——要知道，我那只手里还拿着那个棍子[21]呢！

新年过去了，上班第一天的早上，我举着棍子[21]站在犬舍[12]门口。张

58. 舔 tiǎn: to lick

主任⁴看到了，脸的颜色都变了，紧张地问："怎么回事⁵⁹？你要做什么？"我骄傲⁴⁶地笑着说："主任⁴，我要让您看看维克的进步，它已经解决了问题，全都适应了！"说这些话的时候，5 我觉得太阳的光照在我心上。我拿着棍子²¹把维克带出犬舍¹²，维克和我一起在院子里快乐地跑。不过，我跑起来好像一条腿长，一条腿短。

　　"奇怪！事情怎么都变了？"张主 10 任⁴说，"维克怎么不怕棍子²¹了？还有，你的脚怎么了？"

　　我只是笑，什么都没告诉他，因为他是领导，我怕他知道我用那种危险的办法去纠正维克，他会生气。当 15 然，我的脚也没问题，已经在我女朋友的医院看过了，是她帮助我找的大夫。那位医生叫我住院，我不同意，我不能在这个时候离开维克。他就给我用了药，还让我取了一些药带回 20 来。走的时候医生告诉我，要是发烧了，就赶快去住院。那天我挺高兴的，因为女朋友听我讲了我和维克的

---

59. 怎么回事 zěnme huí shì: What's the matter?

故事，拉着我的手半天都不放开，好像快要流泪了。

张主任[4]有点儿不相信看到的一切，自己拿起那个棍子[21]，在维克周围转过来，转过去，而维克就像没看见那棍子[21]一样，很自然地坐在我旁边。

5

主任[4]高兴地对我说："太好了，看起来，维克的心理[60]现在确实很健康，它的问题解决了，还解决得正是时候[61]呢！目前，国家的经济好了，

10

60 .心理 xīnlǐ: mentality
61. 正是时候 zhèng shì shíhou: be the right time

毒贩 [62] 活动得很厉害，领导正准备一月底让这四只缉毒[1]犬[2]开始缉毒[1]工作呢！对了，你是怎么做到这一切的？"张主任[4]摆出领导的样子[63]重重地说，"要好好儿写一下经验！"

5

看到维克的表现，特别是看到从前说维克不行的同事现在十分有兴趣地看着它，我心里舒服极了，连脚都不觉得疼了。

Want to check your understanding of this part?
Go to the questions on page 77.

---

62. 毒贩 dúfàn: drug traffickers
63. 摆出……样子 bǎichū…yàngzi: to show the looks of...

7. 第一次真正进行缉毒[1]工作

　　准备工作紧张地进行了快要一个月了，1月26日早上，四只缉毒[1]犬[2]都上了一辆汽车，它们要到机场的仓库[64]里进行第一次缉毒[1]。

5　　机场有好几个仓库[64]，每个仓库[64]都很大，里面的行李和包多极了，有些包特别大，我都搬不动。它们从南门到北门，一排一排，像一座一座小

64. 仓库 cāngkù: warehouse

山。维克和大黄狗是第一队，检查第一仓库⁶⁴；另外两只是第二队，检查第二仓库⁶⁴。检查完，两队缉毒¹犬²再换过来，互相检查另一队的仓库⁶⁴。

张主任⁴最寄希望⁶⁵的就是维克，第一仓库⁶⁴的检查，他先让维克开始。 　　5

我心里有点儿紧张，这是训练⁶了几个月的缉毒¹犬²第一次参加缉毒¹工作，领导都在等着好消息呢。在中心训练⁶时，维克每次都能很快找到毒品⁴⁵，现在在这么大的仓库⁶⁴里能不能查到毒品⁴⁵，我心里没有底⁶⁶。 　　10

我拉着维克进了第一仓库⁶⁴。"维克，上！"我指着第一座小山拍拍维克说。维克马上兴奋⁴³地跳到那些大包小包上面，一边跑，鼻子一边一动一动地闻³³，只看见它一会儿跳上去，一会儿跳下来，闻³³得非常认真。还没跑到一半，它突然大叫着对一个大包不停地咬²²，不停地扑³⁶抓³⁷，大包都被它咬²²坏了！我几乎不敢相信自 　　15　　20

65. 寄希望 jì xīwàng: to entrust to the hope of
66. 心里没有底 xīnli méiyǒu dǐ: to feel unsure from the bottom of the heart

己的眼睛——刚开始五分钟啊，就找到了毒品[45]！为了看看维克找的对不对，张主任[4]叫大黄狗按维克走过的路再来一遍。大黄狗和维克不同，不是

5 兴奋[43]型[44]，只看见它慢慢地跑，一只大包一只大包慢慢地闻[33]。大家都非常紧张地看着它，到了维克刚才扑[36]抓[37]的大包前，它转了转，坐了下去……"好！"我拍着手大叫。和兴奋[43]

10 型[44]缉毒[1]犬[2]不同，不是兴奋[43]型[44]的缉毒[1]犬[2]，找到毒品[45]不扑[36]抓[37]也不咬[22]，是坐下来，看着它。

现在，张主任[4]兴奋[43]了，马上让我们把这个大包打开检查。我们很快

15 从里面找到了一小包毒品[45]！

第一次进行缉毒[1]，领导们其实就是想试试缉毒[1]犬[2]的水平，没想到真的找到了毒品[45]。这不但说明我们训导员[3]训练[6]缉毒[1]犬[2]很有成绩，同时

20 说明现在毒贩[62]活动得非常厉害。这种情况，让大家又高兴，又感到情况严重。

晚上，我在犬舍[12]跟维克聊天儿。我说："维克，不错嘛，你已经向当缉

毒[1]英雄走出了第一步。知道吗，你生下来就是要当缉毒[1]英雄的，继续努力啊！"

没过多久，张主任[4]接到领导的电话，让我们到邮局的仓库[64]里去缉毒[1]。因为现在社会上出现了一种新的情况，毒贩[62]开始利用寄信，寄杂志、报纸来寄毒品[45]。所以，我们又带着四只缉毒[1]犬[2]上了汽车，来到邮局的仓库[64]。

邮局的仓库[64]比机场的小得多，包也比机场的小一些，因为马上就要过春节了，生活在外面的人们都在给家里的爷爷奶奶、叔叔阿姨、姐姐妹妹、哥哥弟弟、儿子女儿、朋友同学还有父母写信（中国人不但喜欢在别人生日的时候给他写信，更喜欢在过春节的时候写封信），就算不把"爱"字说出来，接到信的人也就懂了写信人的心。所以邮局仓库[64]里的信特别多，放在一个一个大包里，同时还有不少杂志、报纸等。这么困难的条件，四只缉毒[1]犬[2]还没遇到[35]过。这对它们是个锻炼，也是又一次考试。

5

10

15

20

　　这次，维克的考试成绩又非常好，在那些看起来很乱的大包里，一会儿就找出了一封从外省寄来的带有毒品[45]的信。张主任[4]特别高兴，对我说：“这维克真不简单，它可以毕业了！”我马上开玩笑地说：“同意！不过，毕业前，中心应该给维克一些奖学金！”张主任[4]笑着说：“好啊，就由你这个‘教授’替它申请吧！”大家都笑起来。

　　其实，真正让我们大大地高兴、大大地想不到的事情还在后面。

　　领导让我们根据信上写的楼号、收信人的姓和名字，去那个收信人家里好好儿检查检查。根据经验，他的家里很可能会有毒品[45]。

　　那家人住在城市西北的一个区，离长城下边的火车站不太远，是在一栋高层公寓的四层。和旁边那些比较矮比较旧的房子比，那栋楼看起来很现代。他家有两间卧室，一个客厅，一个厕所，一个厨房。那个收信的男人是出租车公司的司机，他的妻子是

个书店卖书的售货员。男人很矮，腿
很短，虽然穿着衬衫戴着眼镜，但不
像个受过教育的有知识的人。他中午
饭一定喝了不少酒，脸通红[67]，嘴里
有很重的酒的味道。见我们来了不少   5
人，他客气地说："请问先生，你们是
……"张主任[4]给他看了搜查证[68]，他
马上就明白了是怎么回事[59]。但是，
他一点儿也不紧张，还客气地对主任[4]
说："请进，请喝茶。"那样子就像个   10
干干净净没有问题的人。但是，当他
突然看到站在我腿旁边的维克，本来
通红[67]的脸马上就白了。

    他害怕了！这个人一定有问题！
我一边想，一边拿出凶猛[14]的样子拍   15
了拍维克，声音很大地说："上！"维
克马上跑进去，一个房间一个房间很
快地闻[33]了一遍，包括厨房里的桌子
椅子。可是从维克的样子看，没有发
现毒品[45]。我有点儿不相信，那个人   20
见了维克紧张得脸都白了，他会没问
题？我叫维克再找一遍，可是，维克

---

67. 通红 tōnghóng: blush deep red
68. 搜查证 sōucházhèng: search warrant

还是没有发现什么。我正不知道怎么办好的时候，维克却努力地带着我往外跑，我拉都拉不住它。

"维克怎么了？"主任[4]注意地看着维克问我。说真的，我并不明白维克为什么一定要出去，但是，根据我对维克的了解，我相信它一定是发现了什么。我跟着维克来到外面，在离门七八米，跟电梯很近的墙上有个消火栓[69]，那是为了怕楼里着火[70]准备的。维克跑过去，突然跳起来对着这个消火栓[69]又咬[22]又扑[36]又抓[37]，很兴奋[43]的样子……那个男人见了，腿都站不住了，一下子坐了下去……原来，这个毒贩[62]没有把毒品[45]放在自己家里，而是放到人们不注意的消火栓[69]里。他以为，放在那里一定没问题。没想到，不管他把毒品[45]放到哪里，维克都能找得到！

---

69. 消火栓 xiāohuǒshuān: fire hydrant
70. 着火 zháo huǒ: to be on fire

　　这一次，维克向缉毒[1]英雄又靠近了一步，大家都说维克太棒了！

Want to check your understanding of this part?

Go to the questions on page 77–78.

8. 维克当上了缉毒¹英雄

时间过得真快，1995年秋的一天
上午，张主任⁴把我叫到办公室说：
"这是你的机票，准备准备，中心派你
带维克上红其拉甫⁷¹口岸⁷²帮助缉毒¹。"

5 　啊，红其拉甫⁷¹口岸⁷²？上地理课
的时候学过，那可是我们国家北边海
拔最高的大口岸⁷²啊，那里生活着比
较多的少数民族的人民，离"金新
月⁷³"也很近，世界上很多毒品⁴⁵都是

10 从"金新月⁷³"被国际毒贩⁶²通过车、
船等各种办法弄到别的国家的。红其
拉甫⁷¹口岸⁷²就是毒贩⁶²向我们国内贩
毒的一个大门，政府已经决定，一定
要快快管住这个大门。我心里知道，

15 这次去，一定是让维克做代表去试一
试，看看缉毒¹犬²在那么高的海拔能

71. 红其拉甫 Hóngqílāfǔ: Khunjerab, a Sino-Pakistani border crossing
72. 口岸 kǒu'àn: pass, port
73. 金新月 Jīnxīnyuè: Golden Crescent, a principal area of illicit opium
    production located at the crossroads of Afghanistan, Iran and Pakistan

不能适应。这次，维克将要遇到 [35] 的
困难和麻烦一定会很多。

出发前我就了解到，从北京到红
其拉甫 [71] 口岸 [72] 三千七百多公里，是很
长的一次旅行。如果坐火车再转汽车
需要五天时间，因为海拔高，气温
低，红其拉甫 [71] 口岸 [72] 还有几天就要封
关 [74] 了，事情很急，我和维克只有坐
飞机。1995 年，从北京飞西北方向的
飞机是 B707。那个时代，航空公司不
让猫、狗、鸟等动物和人在一起，它
们只能在飞机肚子下边的货舱 [75] 里。
同时我还了解到，B707 的货舱 [75] 里没
有暖气 [76]，飞机飞得越高，气温就越
低，货舱 [75] 里就越冷，到了一万米的
天上，货舱 [75] 的温度有可能低到零下
三十多度，比冰箱里都冷。那是要冷
死人的温度啊……维克要在里面待四
个小时，它能行吗？

我特别不放心，上飞机前，我给
维克穿了我最暖和的一件里面有毛的

5

10

15

20

---

74. 封关 fēng guān: to blockade the gateway, to seal off

75. 货舱 huòcāng: cargo spaces

76. 暖气 nuǎnqì: heating

衣服，还给维克吃了一些东西，让它的肚子饱一些。我想，这样可以让它的身体暖和些。

5 　　飞机飞起来了，我的心也提起来了。虽然坐在温度合适的飞机内，我却觉得像躺在雪地里，特别冷，心上也像扎⁴⁹着一把刀。飞机飞得越高，刀扎⁴⁹得越深，飞机到了一万米，我的心疼得都快不跳了。"维克，"我在

10 心里叫，"我知道，你很冷……"飞机向西飞过大山、飞过大河，我不停地看我的电子表，"快一点儿，再快一点儿啊！"

　　飞机的门刚一开，我就第一个跑了出来。我希望维克一路平安。见到

15 维克的时候，我不敢相信自己的眼睛，维克一动都不动地趴⁷⁷在那里，身体很冷，很硬，就像死了。我一边声音发抖⁷⁸地大叫着"维克，维克"，

20 一边抱住它，想让它贴着我的身体暖和些。听到我的声音，维克的耳朵动了动，头慢慢转向我。看见维克活

77. 趴 pā: to lean over, to lie
78. 发抖 fādǒu: to tremble

着，我的心落了下去，泪却像夏天的大雨，突然流了下来！这是维克第一次看见我哭，它靠着我，把冷极了的脸贴住我的脸，一点一点把我的泪舔⁵⁸干净……

5

　　我很怕维克会因为太冷生病。这一夜，在宾馆里，我照顾着维克，让它躺在暖和的床上，给它按摩⁷⁹了一个多小时。这时候，维克脸上凶猛¹⁴的样子没有了，它变得就像个孩子。我们互相抱着睡了一夜。

10

　　第二天，我们坐汽车上了红其拉甫⁷¹口岸⁷²。说"上了"，是因为红其

79. 按摩 ànmó: to massage

拉甫 ⁷¹ 口岸 ⁷² 在海拔五千多米高的山上，汽车开了八小时二十分才到。在海拔那么高的地方，走路比在北京跑步还累，我和维克都感到不适应。

5　　第二天，维克开始工作。口岸 ⁷² 的仓库 ⁶⁴ 比北京机场的仓库 ⁶⁴ 还要大。维克跳上去，跳下来，闻 ³³ 了这里又闻 ³³ 那里，才一小会儿它就累了，四条腿发抖 ⁷⁸，往大包上跳很困难，嘴里还有一种像咳嗽一样的声音。

10　　我很想让维克休息休息，可是，维克却非常努力，它一直坚持着。只用了不到两天，维克就把仓库 ⁶⁴ 里那些小山一样的大包小包都查了一遍。

仓库[64]里没有发现毒品[45]。我有点儿不放心，是不是到了这么高的海拔，维克的鼻子不行了？第三天早上，我打算再让维克检查一遍。

从我们住的地方到口岸[72]的仓库[64]，要经过一个门，那里有很多旅行团[80]和外国人在等着进入中国。人们手里拿着护照和行李，通过检查以后，就一个接着一个进到中国来。那些已经进来的人突然看到高大凶猛[14]的维克，他们的蓝眼睛、黄眼睛都变大了，把看到的当新闻[33]，互相说着："看啊，缉毒[1]犬[2]来啦！缉毒[1]犬[2]来啦！"原来，不少人知道，毒贩[62]经常从这里往中国贩毒。就在他们说这些话时，走在前面的维克突然站住了，它转过身体，对着西边风来的方向，摇晃[16]着头，好像在风里闻[33]……闻[33]了一会儿，它忽然大叫起来，声音非常兴奋[43]，并且非常凶猛[14]地朝那些刚进中国的外国人跑过去！我马上明白了，这里一定有人有问题！正想的时候，突然，有个刚进中国的男

80. 旅行团 lǚxíngtuán: tour group

人，看见维克大叫着过来了，就很着急地往回跑。在大门那里，检查的人从他的帽子里找到了500克毒品⁴⁵。

吃晚饭的时候，大家高兴地坐在一起，都说维克太棒了。我半开玩笑地说："这个毒贩⁶²，遇到³⁵维克，算他倒霉！"

按计划，维克检查完口岸⁷²的仓库⁶⁴，就可以回北京了。因此，第四天早上，饱饱地吃了早饭，跟口岸⁷²的同事们说了再见，口岸⁷²的司机就开车送我和维克去机场。

可能因为早饭喝了不少牛奶和别的饮料，才走了大概两个半小时，我就很想上厕所。"不好意思，"我对司机说，"我想上厕所。"司机笑着说："没问题，看见前面的红绿灯了吗？红绿灯的东边有家大饭店，里面就有洗手间。"

那个路口旁边有好多大大小小的饭店、商店，马路旁边停着十几辆很新很大的德国¹⁸生产的汽车。车上都是大包小包的东西，包上没有汉字，很多都是英文，是外国的名牌。从车的号码看，这些都是外国车，应该是早上刚从红其拉甫⁷¹口岸⁷²对面开过来的。

司机把车停在这些大车的后面，对我说："咱们就在这儿休息一下吧，你们来了一直工作，都没时间看看这里美丽的秋天。"是啊，我想，这里每一座山都像一张最美的风景画，真是个好地方啊！我跳下车，想把维克也带下来，让它活动活动。我爱好照相，想用照相机给维克照几张照片。可是奇怪，维克却在窗户那儿向着风来的方向摇晃¹⁶着头不停地闻³³，然后表现出很急的样子，几乎想从窗户跳出去！

司机看到那么高大的维克想从那么小的窗户跳出去，觉得它很可爱，就笑起来。我没有笑，我的心一动，从它着急的样子，我感觉到维克一定是从窗户刮进来的风发现了什么！我把维克从后面的门带下来，维克马上向前面一辆大汽车跑过去，并且一直跑到了汽车左边一个很大的轮子旁边，在轮子上又咬²²又扑³⁶又抓³⁷！这

5

10

15

20

是维克发现毒品[45]的表现，错不了！

那辆大汽车的司机是个高大的外国人，头发挺乱，正在一个商店里和服务员谈着什么，服务员是中国人。

5　他们谈话，有时候用英语，有时候用民族语言。看见维克在车的轮子那里咬[22]，司机已经明白了一切，但是，他看到我们只是两个年轻人，再说，我们开的是一辆挺旧的汽车，他就以

10　为自己能占便宜[81]，我们的旧车跑不过[82]也撞不过[83]他那很大的德国[18]新车。他很快地付了钱，出门就朝汽车跑去。跑？你想也别想！我大叫了一声："维克，上！"要知道，维克曾经

15　是最棒的军犬[20]，没等那个高大的外国司机打开汽车的门，维克就已经大叫着追上了他，看着维克那凶猛[14]的样子，他害怕极了，声音发抖[78]地用汉语说："别，别，我不跑了……"

---

81. 占便宜 zhàn piányi: to take advantage of
82. 跑不过 pǎobuguò: cannot run faster and farther than...
83. 撞不过 zhuàngbuguò: cannot bump more severely than...

后来，口岸⁷²的同事们从他汽车的轮子里，找到了5千克毒品⁴⁵！

飞回北京那天，是张主任⁴开车到机场接的我们。我抱着冷得发抖⁷⁸的维克说："好维克，你快看，主任⁴都来接我们了！"维克很懂事地向张主任⁴摇晃¹⁶着尾巴¹⁷。张主任⁴打开自己那件很大的衣服，从我手里接过维克，让维克的身体贴在自己身体上，再用衣服包住它。维克现在很重，有九十多斤，张主任⁴努力地抱着它，拍着它，像抱着自己的儿子。

一边开车往回走，张主任⁴一边说："你知道吗，我已经接到红其拉甫[71]口岸[72]的电话了，去了三天，查出两个毒贩[62]，还震慑[84]了别的毒贩[62]，你们的工作很棒！像维克这样有军犬[20]训练[6]基础[7]的缉毒[1]犬[2]，在口岸[72]缉毒[1]很合适。红其拉甫[71]口岸[72]的领导已经决定，过两天要来咱们中心学习训导缉毒[1]犬[2]，还要给维克送大红花来呢！"

过了两天，红其拉甫[71]口岸[72]的主任[4]真的来了。张主任[4]请客，让中心的餐厅做了几个好菜，准备了几瓶啤酒，大家说着"干杯"，都很高兴。口岸[72]的领导带来个很漂亮的大红花，说是要送给缉毒[1]英雄维克。那位领导还说："借维克上红其拉甫[71]口岸[72]，试试在海拔五千米以上的口岸[72]用缉毒[1]犬[2]缉毒[1]行不行，是个不错的决定。以前大家都怕海拔太高，缉毒[1]犬[2]受不了。看到维克的表现，大家都说，用缉毒[1]犬[2]缉毒[1]这个办法好。缉毒[1]，人不如犬[2]！我们考虑，红其拉甫[71]口岸[72]明年也该有自己的缉毒[1]犬[2]了！"

---

84. 震慑 zhènshè: to terrorize

　　我们中心也准备了大红花，张主任[4]说："明天，咱们中心要搞一个给缉毒[1]英雄戴红花的活动！"

　　我把这个好消息告诉了我的女朋友，约她来参加给维克戴红花的活动，她声音很甜地同意了。我也给家里打了电话，爸爸妈妈也很高兴地同意来参加这个很有意义的活动。"别迟到啊！"我对他们说。

　　第二天，我拉着维克站在台上，我看见爸爸妈妈、穿着漂亮裙子的女朋友和很多同事都在下面。张主任[4]和红其拉甫[71]口岸[72]的领导拿着大红花走上台，口岸[72]的领导在好听的钢琴音乐中给维克戴上了大红花。我正想接

5

10

15

过张主任[4]手里的大红花，也给维克戴上的时候，张主任[4]却笑着跟我握手，然后把大红花戴到了我的衣服上。他声音很大地说："这是给你的。为了拯救[51]维克，把它训导成一只英雄缉毒[1]犬[2]，你做了很多努力。你除了像阿姨一样照顾它以外，还为它流了血，在我们国家训导缉毒[1]犬[2]的历史上要记下这一笔。你应该得到这红花！"台下的人们都听到了这些话。我看着维克，心跳得特别快，我忽然想起了那个美国电影里的缉毒[1]英雄。这样想的时候，我的脸一定红了。我看见，台下，爸爸妈妈和女朋友的脸也高兴得红了……

Want to check your understanding of this part?
Go to the questions on page 78.

To check your vocabulary of this reader,
go to the questions on page 79.

To check your global understanding of this reader,
go to the questions on page 80–81.

生词表
Vocabulary List

1	缉毒	jīdú	to crack down on narcotic trafficking
2	犬	quǎn	dog
3	训导员	xùndǎoyuán	trainer (训导 to train; 员 person)
4	主任	zhǔrèn	director
5	不怎么	bù zěnme	not very
6	训练	xùnliàn	to train; training
7	基础	jīchǔ	foundation, base
8	精神	jīngshen	vigorous; spirit
9	搭档	dādàng	partner
10	新鲜	xīnxiān	rare, novel
11	少不了	shǎobuliǎo	cannot do without, must have
12	犬舍	quǎnshè	dog house (舍 house)
13	背	bèi	back of the body
14	凶猛	xiōngměng	ferocious
15	伤疤	shāngbā	scars
16	摇晃	yáohuàng	to shake
17	尾巴	wěiba	tail
18	德国	Déguó	Germany
19	牧羊犬	mùyángquǎn	shepherd dog
20	军犬	jūnquǎn	military dog
21	棍子	gùnzi	stick
22	咬	yǎo	to bite
23	纠正不过来	jiūzhèng bú guòlái	cannot correct over (纠正 to correct)
24	废	fèi	to become useless
25	信任	xìnrèn	to trust

71

26	伤害	shānghài	to harm
27	孤独	gūdú	lonely
28	痒痒	yǎngyang	to itch
29	梳子	shūzi	comb
30	护士	hùshi	nurse
31	女人心，	nǚrén xīn,	a woman's heart,
	海底针	hǎidǐ zhēn	an undersea needle
32	感情	gǎnqíng	emotion
33	闻	wén	to smell
34	蹭	cèng	to rub
35	遇到	yùdào	to meet
36	扑	pū	to rush at
37	抓	zhuā	to scratch, to catch
38	天才	tiāncái	genius
39	忠诚	zhōngchéng	loyal, faithful; loyalty
40	奖励	jiǎnglì	to reward; award
41	毛巾把儿	máojīnbàr	towel bar
42	亲热	qīnrè	intimate
43	兴奋	xīngfèn	exciting
44	型	xíng	type
45	毒品	dúpǐn	narcotic drugs
46	骄傲	jiāo'ào	proud; pride
47	发	fā	to send (email)
48	栅栏	zhàlan	fence
49	扎	zhā	to prick, to stab
50	出血	chū xiě	to bleed
51	拯救	zhěngjiù	to save

52	解铃还须	jiě líng hái xū	Whoever started the trouble
	系铃人	xì líng rén	should end it.
53	泪光	lèiguāng	glistening teardrops (泪 tears；光 glisten)
54	扔	rēng	to throw
55	发	fā	to vent
56	管不住	guǎnbuzhù	cannot control
57	演	yǎn	to act
58	舔	tiǎn	to lick
59	怎么回事	zěnme huí shì	What's the matter?
60	心理	xīnlǐ	mentality
61	正是时候	zhèng shì shíhou	be the right time
62	毒贩	dúfàn	drug traffickers
63	摆出……样子	bǎichū…yàngzi	to show the looks of...
64	仓库	cāngkù	warehouse
65	寄希望	jì xīwàng	to entrust to the hope of
66	心里没有底	xīnli méiyǒu dǐ	to feel unsure from the bottom of the heart
67	通红	tōnghóng	blush deep red
68	搜查证	sōucházhèng	search warrant
69	消火栓	xiāohuǒshuān	fire hydrant
70	着火	zháo huǒ	to be on fire
71	红其拉甫	Hóngqílāfǔ	Khunjerab, a Sino-Pakistani border crossing
72	口岸	kǒu'àn	pass, port
73	金新月	Jīnxīnyuè	Golden Crescent, a principal area of illicit opium production located at the crossroads of Afghanistan, Iran and Pakistan

74	封关	fēng guān	to blockade the gateway, to seal off
75	货舱	huòcāng	cargo spaces
76	暖气	nuǎnqì	heating
77	趴	pā	to lean over, to lie
78	发抖	fādǒu	to tremble
79	按摩	ànmó	to massage
80	旅行团	lǚxíngtuán	tour group
81	占便宜	zhàn piányi	to take advantage of
82	跑不过	pǎobuguò	cannot run faster and farther than...
83	撞不过	zhuàngbuguò	cannot bump more severely than...
84	震慑	zhènshè	to terrorize

练 习
Exercises

1. 我当上了缉毒[1]犬[2]训导员[3]

下面的说法哪个对,哪个错？Mark the correct ones with "T" and incorrect ones with "F".

(1) 我大学毕业后就去了北京缉毒[1]犬[2]训导中心。 （　　）

(2) 中心刚建好时没有缉毒[1]犬[2],我们只能先从书上学习
缉毒[1]犬[2]的知识。 （　　）

(3) 一般家庭养的聪明狗都可以当缉毒[1]犬[2]。 （　　）

(4) 张主任[4]找的三只狗里黄狗最大也最精神[8]。 （　　）

2. 维克,我愿意做你的朋友

根据故事选择正确答案。Select the correct answer for each of the questions.

(1) 和其他的狗相比,维克最大的特点是什么？
　　A. 高大　　　　　B. 漂亮　　　　　C.凶猛[14]

(2) 为什么没有人要维克？
　　A. 他们觉得维克脸上的伤疤[15]不好看
　　B. 他们害怕维克给自己找麻烦

(3) 维克为什么不做军犬[20]了？
　　A. 它有问题了,怎么都纠正不过来[23]
　　B. 它被人用棍子[21]打伤了,很严重

3. 我和维克的关系

根据故事选择正确答案。Select the correct answer for each of the questions.

(1) 维克为什么忽然回头咬[22]自己的后腿？

    A. 它不相信我，很害怕   B. 它的后腿痒痒[28]

(2) 我有什么爱好？

    A. 运动   B. 唱歌

(3) 维克为什么不吃我给它打的饭？

    A. 它不相信我   B. 它想让我吃

(4) 是什么事让维克完全相信了我？

    A. 我给它梳毛、送饭、跟它聊天儿

    B. 大风雪的夜里我留在犬舍[12]里陪它

4. 真像个缉毒[1]天才[38]

根据故事选择正确答案。Select the correct answer for each of the questions.

(1) 缉毒[1]犬[2]的训练[6]有哪些？

    A. 身体训练[6]   B. 缉毒[1]训练[6]

    C. 身体训练[6]和缉毒[1]训练[6]

(2) 训练[6]时，我对维克的奖励[40]是什么？

    A. 给它喜欢吃的东西

    B. 和它一起玩儿毛巾把儿[41]

(3) 我是怎样对维克进行缉毒[1]训练[6]的？

    A. 像做游戏一样，让它兴奋[43]起来去找

    B. 让它一个一个地去闻[33]，慢慢找

(4) 有几只狗没有把张主任[4]宿舍里的全部毒品[45]都找到？

    A. 一只   B. 两只   C. 三只

5. 同事的担心成了真

下面的说法哪个对，哪个错？Mark the correct ones with "T" and incorrect ones with "F".

(1) 所有人都认为维克不知道什么时候就会出问题。 （ ）

(2) 新年到了，可是我不想离开维克，所以放假也没有回家。（ ）

(3) 军犬[20]队训导员[3]拿棍子[21]打维克只是因为维克咬[22]了
   他的脚，非常疼。   （ ）

(4) 我拯救[51]维克的计划可能有危险，需要我流血。 （ ）

6. 拯救[51]维克

根据故事选择正确答案。Select the correct answer for each of the questions.

(1) 按照计划，我在院子里做了什么特别的安排？

   A. 在雪地里放了一个棍子[21] B. 在雪地里放了一个毛巾把儿[41]

(2) 看到我拿棍子[21]，维克有什么反应？

   A. 害怕得又叫又咬[22]   B. 紧张得一动也不动

(3) 维克的问题解决了吗？

   A. 解决了   B. 没解决

(4) 张主任[4]知道我拯救[51]维克的方法吗？

   A. 知道   B. 不知道

7. 第一次真正进行缉毒[1]工作

根据故事选择正确答案。Select the correct answer for each of the questions.

(1) 第一次真正的缉毒[1]工作是在哪里进行的？

   A. 机场仓库[64]   B. 邮局仓库[64]

(2) 机场的缉毒[1]工作说明了什么?

    A. 训导员[3]训练[6]缉毒[1]犬[2]很有成绩

    B. 现在的毒贩[62]活动得非常厉害

    C. 训导员[3]训练[6]缉毒[1]犬[2]很有成绩以及现在毒贩[62]活动很厉害

(3) 维克在邮局仓库[64]里找到的毒品[45]是寄给谁的?

    A. 一个出租车司机   B. 一个书店售货员

(4) 维克最后在哪里发现了毒品[45]?

    A. 厨房里   B. 消火栓[69]里

8. 维克当上了缉毒[1]英雄

根据故事选择正确答案。Select the correct answer for each of the questions.

(1) 为什么要维克去红其拉甫[71]口岸[72]?

    A. 因为红其拉甫[71]口岸[72]是毒贩[62]向中国贩毒的一个大门

    B. 因为领导想看看缉毒[1]犬[2]在那么高的海拔能不能适应

(2) 飞机起飞后我为什么不停地看电子表?

    A. 我心疼维克受不了货舱[75]的温度,希望时间过得快一点儿

    B. 飞机内温度太低,我特别冷,想测一下心跳

(3) 第四天早上,维克发现的毒贩[62]把毒品[45]放在了什么地方?

    A. 他的帽子里   B. 汽车的轮子里

(4) 维克在红其拉甫[71]口岸[72]一共查出了多少毒品[45]?

    A. 10千克   B. 5千克   C. 5.5千克

词汇练习 Vocabulary exercises

选词填空 Fill in each blank with the most appropriate word.

A. 蹭[34]   B. 趴   C. 扔[54]   D. 扑[36]   E. 闻[33]

(1) 维克站在那里不停地抓[37]_____窗户。

(2) 我把球向一个方向_____得高一些。

(3) 维克一动都不动地_____在那里，就像死了。

(4) 维克马上把身体靠向我的腿，在我腿上不停地_____。

(5) 一般的狗，都是一个包一个包地_____，慢慢地跑。

A. 信任[25]   B. 骄傲[46]   C. 兴奋[43]   D. 忠诚[39]   E. 孤独[27]

(1) 维克各方面成绩都是第一名，我为它感到_____。

(2) 维克表现出地道的德国[18]牧羊犬[19]聪明、凶猛[14]、_____的精神[8]。

(3) 下着大雪的夜里，犬舍[12]里只有它自己，它该多么_____！

(4) 维克一玩儿起来，就特别_____。

(5) 要解决维克的问题，先要得到它的_____。

A. 精神[8]   B. 新鲜[10]   C. 摇晃[16]   D. 扎[47]   E. 伤害[26]

(1) 维克是第一次进张主任[4]宿舍，它觉得一切都很_____。

(2) 这只最大的黄狗，总是像个新来的客人，还没那只最小的白狗_____呢!

(3) 我要想办法让维克忘记在旧环境里受的_____。

(4) 维克特别高兴，它_____着尾巴[17]跑到我的腿旁边。

(5) 我的心像被人_____了一刀，疼极了。

综合理解 Global understanding

根据整篇故事选择正确的答案。Select the correct answer for each of the gapped sentences in the following passage.

北京缉毒[1]犬[2]训导中心的张主任[4]找来了一只(A.德国[18]牧羊犬[19] B.大黄狗),叫维克。它曾经是一只很棒的(A.缉毒[1]犬[2] B.军犬[20])。它的(A.背[13]上 B.脸上)有条深深的伤疤[15],眼睛里有种让人(A.生气 B.难过)的东西,没有人要它,可是(A.张主任[4] B.我)愿意成为它的朋友和搭档[9]。我一步步地靠近维克,从给它(A.梳毛 B.打饭)开始。我像老朋友一样跟它聊天儿。大雪的夜里,我在(A.冷冷的犬舍[12]里 B.暖和的宿舍里)陪着它。维克慢慢地完全相信我了。训练[6]的时候,维克(A.凶猛[14]、骄傲[46] B.聪明、努力),成绩提高很快。无论是身体训练[6],还是缉毒[1]训练[6],它都是最强的。张主任[4]说维克就是一个(A.缉毒[1]天才[38] B.缉毒[1]英雄)。可是,几个同事担心的事情(A.却还是发生了 B.一直没有发生)。

我(A.特意请了几天假 B.利用新年放假的时间)去找了维克在军犬[20]队的训导员[3]。事情原来是这样的:维克是军犬[20]队里最棒的,训导员[3]给它的奖励[40]是扔[54]一个(A.小球 B.毛巾把儿[41])让它咬[22]到后送回来。可是有一个雪天,维克(A.故意 B.没注意),一口咬[22]到了训导员[3]的脚。那时,训导员[3]正因为(A.自己没有拿住球 B.自己的女朋友跟别人结婚)很生气,所以他拿着(A.棍子[21] B.毛巾把儿[41])重重地打了维克,把所有的不高兴都对维克发[55]出来了……

为了拯救[51]维克,我进行了一个(A.安全的 B.危险的)的计划:我把当年的经过又演[57]了一遍,(A.故意 B.没注意)让维克咬[22]伤了我的脚,然后慢慢拿起(A.棍子[21] B.毛巾把儿[41])支持着身体站起来,同时告诉维克这(A.是 B.不是)它的错,不要害怕。从这以后,维克看到有人拿着棍子[21]，不再（A.高兴地 B.凶猛[14]地）又咬[22]又叫了。它的心理[60]问题（A.部分被解决 B.完全被解决）了。

维克很快就开始了真正的缉毒[1]工作。不管毒品[45]在哪里，维克都能找得到！第一次，在（A.机场仓库[64] B.邮局仓库[64]），它五分钟就在一堆小山一样的包里找到了毒品[45]；第二次，在（A.机场仓库[64] B.邮局仓库[64]），它一会儿就找出了一封外省寄来的带有毒品[45]的信；第三次，毒贩[62]把毒品[45]放到了人们都不注意的（A.电梯 B.消火栓[69]）里，维克还是发现了。后来，维克在冰箱一样冷的（A.飞机货舱[75] B.火车车厢）里待了四个小时，又坐了（A.八个小时 B.八个小时二十分钟）的汽车，到了红其拉甫[71]口岸[72]。在海拔（A.五千多米 B.两千多米）高的地方进行缉毒[1]工作。维克很累，却非常努力地坚持着。我们去了（A.两天 B.四天），维克成功地震慑了通过红其拉甫[71]口岸[72]贩毒的坏人，查出了两个毒贩[62]。一个把毒品[45]放在自己的（A.行李 B.帽子）里，一个把毒品[45]放在汽车的轮子里。维克终于成了一个真正的缉毒[1]英雄！

练习答案

Answer key to the exercises

1. 我当上了缉毒[1]犬[2]训导员[3]

   (1) F   (2) T   (3) F   (4) F

2. 维克,我愿意做你的朋友

   (1) C   (2) B   (3) A

3. 我和维克的关系

   (1) B   (2) A   (3) A   (4) B

4. 真像个缉毒[1]天才[38]

   (1) C   (2) B   (3) A   (4) A

5. 同事的担心成了真

   (1) F   (2) T   (3) F   (4) T

6. 拯救[51]维克

   (1) A   (2) B   (3) A   (4) B

7. 第一次真正进行缉毒[1]工作

   (1) A   (2) C   (3) A   (4) B

8. 维克当上了缉毒[1]英雄

   (1) B   (2) A   (3) B   (4) C

词汇练习 Vocabulary exercises

(1) D   (2) C   (3) B   (4) A   (5) E

(1) B   (2) D   (3) E   (4) C   (5) A

(1) B   (2) A   (3) E   (4) C   (5) D

综合理解 Global understanding

北京缉毒[1]犬[2]训导中心的张主任[4]找来了一只(A.德国[18]牧羊犬[19]),叫维克。它曾经是一只很棒的(B.军犬[20])。它的(B.脸上)有条深深的伤疤[15],眼睛里有种让人(B.难过)的东西,没有人要它,可是(B.我)愿意成为它的朋友和搭档[9]。我一步步地靠近维克,从给它(A.梳毛)开始。我像老朋友一样跟它聊天儿。大雪的夜里,我在(A.冷冷的犬舍[12]里)陪它。维克慢慢地完全相信我了。训练[6]的时候,维克(B.聪明、努力),成绩提高很快。无论是身体训练[6],还是缉毒[1]训练[6],它都是最强的。张主任[4]说维克就是一个(A.缉毒[1]天才[38])。可是,几个同事担心的事情(A.却还是发生了)。

我(B.利用新年放假的时间)去找了维克在军犬[20]队的训导员[3]。事情原来是这样的:维克是军犬[20]队里最棒的,训导员[3]给它的奖励[40]是扔[54]一个(A.小球)让它咬[22]到后送回来。可是有一个雪天,维克(B.没注意),一口咬[22]到了训导员[3]的脚。那时,训导员[3]正因为(B.自己的女朋友跟别人结婚)很生气,所以他拿着(A.棍子[21])重重地打了维克,把所有的不高兴都对维克发[55]出来了……

为了拯救[51]维克,我进行了一个(B.危险的)计划:我把当年的经过又演[57]了一遍,(A.故意)让维克咬[22]伤了我的脚,然后慢慢拿起(A.棍子[21])支持着身体站起来,同时告诉维克这(B.不是)它的错,不要害怕。从这以后,维克看到有人拿着棍子[21],不再(B.凶猛[14]地)又咬[22]又叫了。它的心理[60]问题(B.完全被解决)了。

维克很快就开始了真正的缉毒[1]工作。不管毒品[45]在哪里,维克都能找得到! 第一次,在(A.机场仓库[64]),它五分钟就在一堆小山一样的包里找到了毒品[45];第二次,在(B.邮局仓库[64]),它一会儿就找出了一封外省寄来的带有毒品[45]的信;第三次,毒贩[62]把毒品[45]放到了人们都不注意的(B.消火栓[69])里,维克还是发现了。后来,维克在冰箱一样冷的(A.飞机货舱[75])里待了四个小时,又坐了(B.八个小时二十分钟)的汽车,到了红其拉甫[71]口岸[72]。在海拔(A.五千多米)高的地方进行缉毒[1]工作。维克很累,却非常努力地坚持着。我们去了(B.四天),维克成功地震慑了通过红其拉甫[71]口岸[72]贩毒的坏人,查出了两个毒贩[62]。一个把毒品[45]放在自己的(B.帽子)里,一个把毒品[45]放在汽车的轮子里。维克终于成了一个真正的缉毒[1]英雄!

为所有中文学习者(包括华裔子弟)编写的
第一套系列化、成规模、原创性的大型分级
轻松泛读丛书

"汉语风"(*Chinese Breeze*)分级系列读物简介

"汉语风"(*Chinese Breeze*)是一套大型中文分级泛读系列丛书。这套丛书以"学习者通过轻松、广泛的阅读提高语言的熟练程度,培养语感,增强对中文的兴趣和学习自信心"为基本理念,根据难度分为8个等级,每一级8—10册,共60余册,每册8,000至30,000字。丛书的读者对象为中文水平从初级(大致掌握300个常用词)一直到高级(掌握3,000—4,500个常用词)的大学生和中学生(包括修美国AP课程的学生),以及其他中文学习者。

"汉语风"分级读物在设计和创作上有以下九个主要特点:

一、等级完备,方便选择。精心设计的8个语言等级,能满足不同程度的中文学习者的需要,使他们都能找到适合自己语言水平的读物。8个等级的读物所使用的基本词汇数目如下:

第1级:300 基本词	第5级:1,500 基本词
第2级:500 基本词	第6级:2,100 基本词
第3级:750 基本词	第7级:3,000 基本词
第4级:1,100 基本词	第8级:4,500 基本词

为了选择适合自己的读物,读者可以先看看读物封底的故事介绍,如果能读懂大意,说明有能力读那本读物。如果读不懂,说明那本读物对你太难,应选择低一级的。读懂故事介绍以后,再看一下书后的生词总表,如果大部分生词都认识,说明那本读物对你太容易,应试着阅读更高一级的读物。

二、题材广泛,随意选读。丛书的内容和话题是青少年学生所喜欢的侦探历险、情感恋爱、社会风情、传记写实、科幻恐怖、神话传说等等。学习者可以根据自己的兴趣爱好进行选择,享受阅读的乐趣。

三、词汇实用,反复重现。各等级读物所选用的基础词语是该等级的学习者在中文交际中最需要最常用的。为研制"汉语风"各等级的基础词

表，"汉语风"工程首先建立了两个语料库：一个是大规模的当代中文书面语和口语语料库，一个是以世界上不同地区有代表性的40余套中文教材为基础的教材语言库。然后根据不同的交际语域和使用语体对语料样本进行分层标注，再根据语言学习的基本阶段对语料样本分别进行分层统计和综合统计，最后得出符合不同学习阶程需要的不同的词汇使用度表，以此作为"汉语风"等级词表的基础。此外，"汉语风"等级词表还参考了美国、英国等国和中国大陆、台湾、香港等地所建的10余个当代中文语料库的词语统计结果。以全新的理念和方法研制的《汉语风》分级基础词表，力求既具有较高的交际实用性，也能与学生所用的教材保持高度的相关性。此外，"汉语风"的各级基础词语在读物中都通过不同的语境反复出现，以巩固记忆，促进语言的学习。

四、易读易懂，生词率低。"汉语风"严格控制读物的词汇分布、语法难度、情节开展和文化负荷，使读物易读易懂。在较初级的读物中，生词的密度严格控制在不构成理解障碍的1.5%到2%之间，而且每个生词（本级基础词语之外的词）在一本读物中初次出现的当页用脚注做出简明注释，并在以后每次出现时都用相同的索引序号进行通篇索引，篇末还附有生词总索引，以方便学生查找，帮助理解。

五、作家原创，情节有趣。"汉语风"的故事以原创作品为主，多数读物由专业作家为本套丛书专门创作。各篇读物力求故事新颖有趣，情节符合中文学习者的阅读兴趣。丛书中也包括少量改写的作品，改写也由专业作家进行，改写的原作一般都特点鲜明、故事性强，通过改写降低语言难度，使之适合该等级读者阅读。

六、语言自然，地道有味。读物以真实自然的语言写作，不仅避免了一般中文教材语言的枯燥和"教师腔"，还力求鲜活地道。

七、插图丰富，版式清新。读物在文本中配有丰富的、与情节内容自然融合的插图，既帮助理解，也刺激阅读。读物的版式设计清新大方，富有情趣。

八、练习形式多样，附有习题答案。读物设计了不同形式的练习以促进学习者对读物的多层次理解；所有习题都在书后附有答案，以方便查对，利于学习。

九、配有录音，两种语速选择。各册读物所附的故事录音（MP3格式），有正常语速和慢速两种语速选择，学习者可以通过听的方式轻松学习、享受听故事的愉悦。故事录音可通过扫描封底的二维码获得，也可通过网址http://www.pup.cn/dl/newsmore.cfm?sSnom=d203下载。

ABOUT *Hànyǔ Fēng* (*Chinese Breeze*)

Hànyǔ Fēng (*Chinese Breeze*) is a large and innovative Chinese graded reader series which offers over 60 titles of enjoyable stories at eight language levels. It is designed for college and secondary school Chinese language learners from beginning to advanced levels (including AP Chinese students), offering them a new opportunity to read for pleasure and simultaneously developing real fluency, building confidence, and increasing motivation for Chinese learning. *Hànyǔ Fēng* has the following main features:

☆ Eight carefully graded levels increasing from 8,000 to 30,000 characters in length to suit the reading competence of first through fourth-year Chinese students:

Level 1: 300 base words	Level 5: 1,500 base words
Level 2: 500 base words	Level 6: 2,100 base words
Level 3: 750 base words	Level 7: 3,000 base words
Level 4: 1,100 base words	Level 8: 4,500 base words

To check if a reader is at one's reading level, a learner can first try to read the introduction of the story on the back cover. If the introduction is comprehensible, the leaner will be able to understand the story. Otherwise the learner should start from a lower level reader. To check whether a reader is too easy, the learner can skim the Vocabulary (new words) Index at the end of the text. If most of the words on the new word list are familiar to the learner, then she/ he should try a higher level reader.

☆ Wide choice of topics, including detective, adventure, romance, fantasy, science fiction, society, biography, mythology, horror, etc. to meet the diverse interests of both adult and young adult learners.

☆ Careful selection of the most useful vocabulary for real life communication in modern standard Chinese. The base vocabulary used for writing each level was generated from sophisticated computational analyses of very large written and spoken Chinese corpora as well as a language databank of over 40 commonly used or representative Chinese textbooks in different countries.

☆ Controlled distribution of vocabulary and grammar as well as the deployment of story plots and cultural references for easy reading and efficient learning, and highly recycled base words in various contexts at each level to maximize language development.

☆ Easy to understand, low new word density, and convenient new word glosses and indexes. In lower level readers, new word density is strictly limited to 1.5% to 2%. All new words are conveniently glossed with footnotes upon first appearance and also fully indexed throughout the texts as well as at the end of the text.

☆ Mostly original stories providing fresh and exciting material for Chinese learners (and even native Chinese speakers).

☆ Authentic and engaging language crafted by professional writers teamed with pedagogical experts.

☆ Fully illustrated texts with appealing layouts that facilitate understanding and increase enjoyment.

☆ Including a variety of activities to stimulate students' interaction with the text and answer keys to help check for detailed and global understanding.

☆ Audio files in MP3 format with two speed choices (normal and slow) accompanying each title for convenient auditory learning. Scan the QR code on the backcover, or visit the website http://www.pup.cn/dl/newsmore.cfm?sSnom=d203 to download the audio files.

"汉语风"系列读物其他分册
Other *Chinese Breeze* titles

"汉语风"全套共8级60余册,自2007年11月起由北京大学出版社陆续出版。下面是已经出版或近期即将出版的各册书目。请访问北京大学出版社网站(www.pup.cn)关注最新的出版动态。

Hànyǔ Fēng (*Chinese Breeze*) series consists of over 60 titles at eight language levels. They have been published in succession since November 2007 by Peking University Press. For most recently released titles, please visit the Peking University Press website at www.pup.cn.

第1级:300词级

Level 1:300 Word Level

错,错,错!

Wrong, Wrong, Wrong!

两个想上天的孩子

Two Children Seeking the Joy Bridge

我一定要找到她……

I Really Want to Find Her...

我可以请你跳舞吗?

Can I Dance with You?

向左向右

Left and Right: The Conjoined Brothers

你最喜欢谁?
——中关村故事之一

Whom Do You Like More?
The First Story from Zhongguancun

第2级：500词级
Level 2：500 Word Level

电脑公司的秘密
——中关村故事之二
Secrets of a Computer Company
The Second Story from Zhongguancun

我家的大雁飞走了
Our Geese Have Gone

青凤
Green Phoenix

如果没有你
If I Didn't Have You

妈妈和儿子
Mother and Son

出事以后
After the Accident

一张旧画儿
An Old Painting

第3级：750词级
Level 3：750 Word Level

第三只眼睛
The Third Eye

画皮
The Painted Skin

留在中国的月亮石雕
The Moon Sculpture Left Behind

朋友
Friends

第4级：1,100词级
Level 4：1,100 Word Level

两件红衬衫
Two Red Shirts

万山县"手拉手"(Shǒu-Lā-Shǒu: Hand-in-Hand)办公室接到一封北京来信，信上说要出一笔钱，帮助一个家里困难的孩子读书，到她上大学。但是，信里提出了几个奇怪的条件：被帮助的孩子生日必须是1990年5月4日，必须是女孩，必须住在周围开满茶花的地方，还有，不能让她和家人知道谁帮助了他们……

方小草的条件跟信里的要求正好一样，她可以用这笔钱上学，她还接到那人寄来的一个大包，里面除了笔、本子(běnzi: notebook)、书，还有一件好看的红衬衫。

12年以后，方小草考(kǎo: to test, to examine)上了北京的大学，她要到北京去找那位好心人(hǎoxīnrén: good Samaritan, good-hearted people）。但是，那个人的情况她一点儿都不知道，再说，中国这12年变化这么大……她能找到吗？

The "Hand-in-Hand" Office of Wanshan County received an odd letter from Beijing. The author said that she would like to sponsor the education of a child in poverty through university. Her requirements: the child had to be a girl, be born on May 4, 1990, and her home be surrounded by camellias in bloom. Furthermore, the office was not allowed to let her or her family know the identity of the benefactor. How strange...

Fang Xiaocao, coincidentally, met all of these requirements. In addition to paying for her attendance, the anonymous person sent her a package containing school supplies, as well as a nice red shirt.

Twelve years later, Xiaocao was admitted to a university in Beijing. She wanted to use the opportunity to find the mysterious good Samaritan. However, she knew nothing about her; China, too, had changed greatly in those twelve years. Would she find her?